# Yasmin Mai-Schoger

## *Frau Wirbelwusch*

und andere lustige Gedichte und Geschichten für
Kinder

Yasmin Mai-Schoger

# Frau Wirbelwusch

Gedichte und Geschichten für Kinder

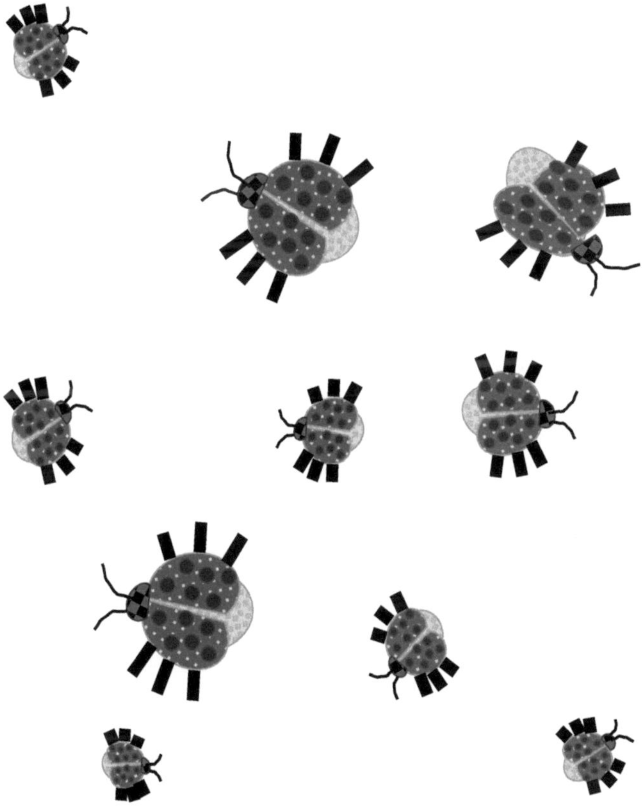

**Bibliografische Information der Deutschen Nationalbibliothek:**
Die Deutsche Nationalbibliothek verzeichnet diese Publikation in der Deutschen Nationalbibliografie; detaillierte bibliografische Daten sind im Internet über http://dnb.dnb.de abrufbar.

© 2020 Mai-Schoger, Yasmin
Herstellung und Verlag: BoD – Books on Demand, Norderstedt
ISBN: 9783750437722

**1. Auflage 2020**

Frau Wirbelwusch

Bilder/ Illustration: Yasmin Mai-Schoger

Cover-Gestaltung: Yasmin Mai-Schoger

# Inhaltsverzeichnis

Kennst du

Fräulein Wirbelwusch

vom Garten an der Ecke?

Sie sitzt ganz oben auf dem Ast,

in einer grünen Hecke.

Sie hat ein rotes Kleidchen an,

mit sieben Punkten am Gewand,

man sie von weitem sehen kann,

ich hab sie gleich erkannt.

Flink das kleine Käferlein,

auch wenn's nur winzig und auch klein.

Es krabbelt stetig hin und her,

als wenn es stets in Eile wär.

Frau Wirbelwusch streckt ihre Flügel

und fliegt ganz schnell

zum nächsten Hügel,

dort krabbelt sie auf einen Ast,

sie macht dort Pause, macht dort Rast.

Dann fliegt sie wieder auf die Hecke,

dort in dem Garten an der Ecke.

Frau Wirbelwusch

hat viele Kinder

nicht eines liebt sie auch nur minder -

die Eier hat sie gut versteckt,

mit einem grünen Blatt verdeckt,

an einen kleinen Ast gehängt,

nicht jeder sie sogleich erkennt.

Leuchtend gelb an seiner Rinde,
hängen sie geschützt vorm Winde.


Dort hängen sie nun tagelang,
bis sie dann schlüpfen irgendwann.
Es schlüpfen erst die ersten zwei,
dann folgt auch langsam Nummer drei.
Hurra, da sind die nächsten zehn,
das ist schon lustig anzuseh'n.
Siebenundsiebzig Käferlein,
geschlüpft im warmen Sonnenschein -
sie krabbeln auf dem Blatt umher,
es werden allerdings noch mehr.


Neunundneunzig Käferlein,
geschlüpft im warmen Sonnenschein -
sie krabbeln auf dem Blatt umher,
Frau Wirbelwusch freut sich so sehr.

Sie schaut sich ihre Kinder an,

und bemerkt dann irgendwann:

Wo sind die Punkte, die wir lieben?

Es fehlen 3, 4, 5, 6, 7!

Zum Glück fällt ihr dann grad noch ein,

die kriegt man erst als Käferlein.

Jeder hat dann 5, 6, 7 -

So, wie alle sie ja lieben.

Frau Wirbelwusch hat heute frei,

drum fliegt sie schnell zur Bäckerei,

dort steht in einer kleine Ecke

eine wunderschöne Hecke.

Es riecht nach Rosen und nach Flieder,

da lässt sie sich so gerne nieder.

Dort sitzt sie dann den ganzen Tag,

ein Tag wie ihn wohl jeder mag.

Da kam der freche Ferdinand

und nahm den Käfer auf die Hand.

Vorbei ist er der freie Tag,

das ärgert's Käferlein schon arg.

Es krabbelt hin, es krabbelt her -

das freut den Ferdinand schon sehr.

Doch das Käferlein nicht dumm,

krabbelt auf dem Finger rum.

Es krabbelt weiter, hoch hinaus,

dann breitet es die Flügel aus-

Frau Wirbelwusch fliegt einfach los,

der Ferdinand ist fassungslos.

Er schaut dem Käfer hinterher,

zum Glück erwischt er ihn nicht mehr.

Frau Wirbelwusch fliegt in die Hecke,

dort beim Bäcker an der Ecke.

Frau Wirbelwusch

sitzt auf der Mauer,

sie ist verärgert, mürrisch, sauer.

Ein Mann kam in der Morgenstunde,

machte eine kleine Runde -

sie hörte nur „Schnipp Schnapp",

da war die schöne Hecke ab.

Das Nest hat er wohl nicht geseh'n,
er ließ nicht mal ein Ästchen steh'n.

Der Mann, der mähte auch das Gras,
wo vorher noch das Bienchen saß.
Und auch die Rosen schnitt er ab,
er ließ am Baume nicht ein Blatt.
Da saß sie nun auf ihrer Mauer,
sie war traurig und auch sauer.

Der Gärtner setzte sich ins Gras,
wo er ganz kurz die Zeit vergaß.
Frau Wirbelwusch flog zu ihm hin,
setzte sich auf dessen Kinn,
sie schaute ihn ganz böse an -
den kleinen, wohlgeformten Mann.
Dann kamen Bienen - eins, zwei, drei,
man hörte einen lauten Schrei -

ein Bienchen saß an seinem Schuh,
unerbittlich stach es zu.
Die anderen taten es ihm gleich,
er lief erschreckt zum Gartenteich.
Der Fisch, der biss ihn in den Zeh,
das tat dem Gärtner nochmals weh -
und auch die Amsel schloss sich an,
sie ließ was fallen auf den Mann.
Als er verbeult nach Hause rannte,
die Wut der Schnecke wohl verkannte -
der Schneckenschleim
war ziemlich glatt,
er stolperte sogleich bergab.
Zum Schluss kam dann noch
Anneliese,
die Meise war 'ne ganze fiese -
sie scheuchte ihn, den armen Mann -
so dass er schnell ins Häuschen sprang.

Die letzte Treppe sah er nicht,
verlor somit das Gleichgewicht -
die Tür schlug er von innen zu,
im Garten war von nun an Ruh'.

Niemand sah ihn mehr im Garten
nach diesen grauenvollen Taten.
Frau Wirbelwusch sitzt auf der Mauer,
wartet auf den Regenschauer.
Alles wächst, blüht und gedeiht -
wie immer zu der Jahreszeit.
Alles hatte seinen Platz,
die Schnecke, die Biene,
der Vogel, der Spatz.

Frau Wirbelwusch hat eine Laus,

für andere ein Gaumenschmaus -

Frau Wirbelwusch mag sie

nicht fressen,

sie isst Gemüse unterdessen.

Sie mag gern Honig und Rosinen,

Zuckerwasser, Mandarinen,

selbstgemachtes Fruchtgelee,

Pilze, Mehltau und auch Klee.

Mit der Laus spielt sie nur Karten,

dort im wunderschönen Garten.

Biene Biggy, gar nicht dumm,

fliegt um den heißen Brei herum -

bedächtig zieht sie ihre Kreise,

riecht sie schon, die süße Speise.

Sie fliegt zum Tisch, zum Stuhl,

zum Glas -

zum Schluss sie auf dem Teller saß.

Da hilft kein scheuchen,

kein verjagen,

kein meckern und kein klagen.

Denn die Biene, gar nicht dumm,

fliegt um den ganzen Tisch herum.

Doch der Brei, der lockt und lockt,

irgendwann sie in ihm hockt.

Süß und klebrig ist der Brei,

klebt am Flügel schwer wie Blei.

An den Beinen hängt er auch,

es hängt die Pampe bis zum Bauch.

Doch schafft sie es zum Tellerrand,

wenn auch nicht stilvoll, elegant -

befreit ihr schönes Bienenkleid

von der süßen Süßigkeit.

Und sie saß dort ziemlich lang,

bis zum Sonnenuntergang.

Sieht sie heute einen Brei,

fliegt sie trotzdem nicht vorbei.

Es sitzt im zarten Mondenschein

ein kleines, freches Igelein.

Ganz leise tapst es hin und her,

sein Magen knurrt, sein Bauch ist leer.

Er schleicht durch meinen grünen

Garten,

vorbei an Blumen und Tomaten.

Dann sieht er, was ihm gut gefällt -

mein schönes, rotes Erdbeerfeld.

Der Igel läuft im Sauseschritt,

als hätt' die Biene ihn gezwickt.

Kaum hat er dann das Feld erreicht,

das Beet schon einem Schlachtfeld

gleicht.

Die Blätter an den Stacheln hängen,

er musst' sich ja durchs Unkraut

zwängen.


Die Beeren hat er abgepflückt,

ein paar hat er dabei zerdrückt.

Man hört ihn futtern, mampfen, fressen,

die Zeit hat er dabei vergessen.

Der rote Saft tropft aus dem Mund,

der Bauch gefüllt und  kugelrund.

So schleicht er sich aus meinem Garten,

vorbei an Blumen und Tomaten.

Vollgefressen, müde, satt -

an seinem Ohr ein grünes Blatt.

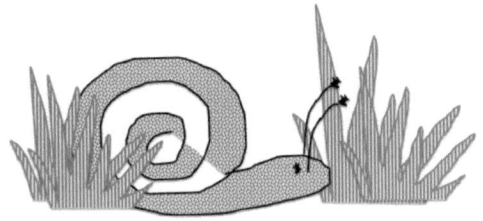

Eine Schnecke namens Schnuck

gab sich heute einen Ruck,

kroch ganz langsam ohne Hast,

machte ein-, zwei-, dreimal Rast -

zu der großen, grünen Hecke,

besucht Schantall, die alte Schnecke.

Doch Schantall ist nicht zu Hause,

also gibt's nur eine Pause -

und dann „schnell",

„ganz schnell" zurück,

oder eher: Stück für Stück.

Und dann kommt sie endlich an,

irgendwie und irgendwann.

Außer Atem ist die Schnecke,

schmeißt sich müde in die Ecke -

sie ruht sich lieber erst mal aus,

und zieht sich in ihr Schneckenhaus.

Dort ruht sie für die nächsten Stunden,

hat sich heute ja geschunden,

gequält, geplagt, bewegt,

was ihr meistens widerstrebt.

Denn die Schnecke namens Schnuck

ist erschöpft und sehr kaputt.

Streckt jetzt ihre Glieder aus,

bleibt in ihrem Schneckenhaus.

Es war einmal.... ein weißer Hund,

fluffig, flauschig, kugelrund.

Lockig, gewellt sein weiches Fell,

zart und leise sein Gebell.

Folgsam, handzahm und lammfromm

liegt er dort auf dem Balkon.

Kein Wässerchen er jemals trübt,

stets frohgestimmt und auch vergnügt.

Am Morgen döst er vor sich hin,

entspannt vom Schweife bis zum Kinn.

Doch wehe eine Fliege fliegt,

wenn er gelöst am Boden liegt.


Dann liegt er nicht mehr tief entspannt,

der Unmut nimmt jetzt überhand.

Er nimmt die Fliege ins Visier,

gestresst, verzweifelt ist das Tier.

Die Fliege fliegt um ihn herum,

es stört den Hunde das Gebrumm.


Er mag die blöde Fliege nicht,

sie fliegt ihm ständig ins Gesicht.

Sie ärgert diesen lieben Hund,

und offensichtlich ohne Grund.

Ganz egal wohin er geht,

dorthin dann auch die Fliege schwebt.

Zum Glück riecht's irgendwann

nach Kuchen,

so geht die Fliege diesen suchen.


Endlich kehrt jetzt Ruhe ein,

der Hund ist wieder ganz allein.

Er legt sich hin, dort wo er lag,

bevor die Fliege zu ihm trat -

und döst dann weiter vor sich hin,

entspannt vom Schweife bis zum Kinn.

An was der Hund wohl denken mag

an diesem wunderschönen Tag?

Er liegt entspannt dort in der Wiese

und genießt die kühle Brise.

Geschlossen seine schweren Lider,

von sich streckt er seine Glieder.

Eingerollt wie eine Katze,

liegt der Kopf auf seiner Tatze,

er schnarcht und schlummert,

schläft und döst,

er scheint entspannt und losgelöst.

Doch plötzlich springt er hoch,

der Hund,

und das tut er nicht ohne Grund.

Ein Floh hat ihn ins Ohr gebissen

und aus dem süßen Schlaf gerissen.

Der Hund, der schüttelt sich so sehr,

den Floh den schmeißt es hin und her.

Zu wacklig wird's dem kleinen Floh,

er lässt sich plumpsen in das Stroh.


Der Hund legt sich in seine Wiese,

genießt den Wind, genießt die Brise.

Auf dem

Gänseblümchenblatt,

sitzt ein Käfer müd' und satt.

Er flog seit Stunden hin und her,

doch dann konnte er nicht mehr.

Er ließ sich auf dem Blatte nieder,

streckt zufrieden seine Glieder,

wollt' ein wenig Sonne tanken,

schonen seine müden Flanken.

Kurz auch mal die Äuglein schließen,

einfach den Moment genießen.

Tatsächlich schläft er tief und fest,

in seinem kuscheligen Nest.

Der Wind nimmt zu, der Wind der pfeift-

natürlich auch das Blümchen streift.

Es schaukelt hin, es schaukelt her -

es schüttelt's Käferlein schon sehr.

Der nächste Windstoß nimmt ihn mit,

das Gänseblümchen schlenkert, wippt.

Er breitet seine Flügel aus,

und fliegt dann in die Welt hinaus.

Quak, Quak

machte es an unserem See,

zwei Enten, herrlich anzuschau'n -

sie saßen im Gras, im feinen Klee,

die eine grün, die andere braun.

Sie watschelten am See entlang

und eine auf dem Wasser schwamm.

Quak, Quak machte auch die dritte im

Bunde -

nichts anderes kam aus ihrem Munde.

Nun quakten sie zu dritt am See,

dort wo ich grad spazieren geh'.


Und plötzlich hörte man ganz leise,

Nummer vier zog ihre Kreise -

Dort in diesem kleinen See

ich dann auch die fünfte seh'.

Man hörte sie quaken,

schnattern, krakelen,

man hörte sie plaudern,

plappern, erzählen.


Und hinter ihr, man glaubt es kaum,

ach, war das herrlich anzuschau'n,

da kamen Nummer sechs bis zehn -

mein Herz das blieb vor Freude stehn.

Sie watschelten am See entlang,

sie trippelten im Entengang.

Sie quakten, schnatterten, krakelten,

sie plaudern, plapperten, erzählten.

Welch' ein Anblick dort am See,

hinter dem feinen, zarten Klee.

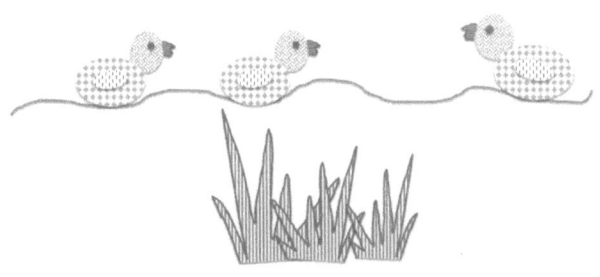

Es hüpft ein Spatz von Ast zu Ast,

er baut sein Nest, macht niemals Rast,

er singt sein Lied, er legt ein Ei,

bringt Freude uns den ganzen Mai.

Ein kleiner Spatz, ist ganz allein,

im kalten Wind, kann nicht herein.

Doch hält er stand dem kalten Wind,

zu plustern er sich gleich beginnt,

er hält sich fest an seinem Ast,

er nimmt es hin, er scheint gefasst.

Er wartet ab, er trotzt dem Stoß,

er lässt den Ast gewiss nicht los!


Der Wind der kommt, der Wind der geht,

er hat den Spatz nicht weggeweht!

Er singt sein Lied, er baut sein Nest,

er frisst das Korn, wenn man ihn lässt.

So klein und hilflos hat's den Schein,

doch hüpft er froh von Stein zu Stein!

Es sitzt in meiner grünen Hecke

eine braungestreifte Schnecke.

Sie frisst und frisst und frisst und frisst,

dass sie das Kriechen ganz vergisst.

Und plötzlich hat sie abgefressen,

das Blatt auf dem sie hat gesessen.

So fliegt das Blatt mitsamt der Schnecke

von der großen, grünen Hecke.

Kaum ist sie unten angekommen,

hat sie das nächste Blatt erklommen.

Und sie frisst und frisst und frisst,

dass sie das Kriechen ganz vergisst.

Mücken tanzen über'm Strauch,

der Vogel, zwitschernd,

freut sich schon -

sie landen gleich in seinem Bauch,

„wie gut, dass ich hier oben wohn!",

so denkt der Vogel, schon im Sturz,

er hat gedacht damit zu kurz!

Denn im Gebüsch, da sitzt die Katze,

ganz leis, ganz still und ruhig die Tatze.

Und als der Vogel fressen will,

da sitzt die Katze nicht mehr still,

sie schleicht und wackelt

und sie springt,

der Vogel um sein Leben ringt!

Die Katze „schmeckt den Braten schon",

welch' Ironie, welch' „blanker Hohn"-

da knurrt's und bellt's -

und ganz schnell rennt,

der Hund die Katz vom Vogel trennt!

Und weil die Katze ganz laut weint,

Frau Munkel gleich ganz schnell

erscheint!


Mit lautem Schrei und einem Besen,

wär für den Hund nicht gut gewesen!

Doch für Katze, Vogel, Mücke -

auch die ist noch in einem Stücke,

die Munkel stolpert über'n Stiel,

der Hund hat dadurch leichtes Spiel!

Die Mücke fliegt zur alten Dame

und sticht sogleich in beide Arme!

Die Katze rennt zum Mauseloch -

der Vogel fliegt, er kann es noch.

Frau Munkel schimpft und tobt

und flucht,

bis ihr Mann dann nach ihr sucht.

Es summte

heut' ein Bienchen klein,

dort unter einer Linde

und sammelte die Pollen ein,

es summte leis' im Winde.

Die Biene flog von Ast zu Ast,

ganz gelb war schon ihr Leib.

Das Tierchen machte selten Rast,

gefüllt das Streifenkleid.

Der Blütenstaub an Bauch und Bein,

welch' fleißiges Gemüt -

die Biene sammelt alles ein,

sie ist schon sehr bemüht.

Dann fliegt sie vollbeladen fort,

von dieser schönen Linde,

sie fliegt an einen andren Ort

und summt dort leis' im Winde.

Der Hase

faul im Grase lag,

er schnarchte, lümmelte und schlief,

„Was tust du da am  Ostertag?",

Frau Hase plötzlich rief,

„Was liegst du faul im hohen Gras,

bin ich denn heut der Osterhas'?"

„Du musst doch noch die Eier bringen,

allein wird mir das nicht gelingen!"

Der Osterhas' sprang langsam auf,

und lief sodann im Dauerlauf

zu sich nach Haus' und malte schnell

ein paar Eier in Pastell.

Die legte er in seinen Korb

und brachte sie ganz eilig fort.

Er eilte schnell und lief geschwind

und brachte eins zu jedem Kind.

Glück gehabt, so dachte er -

er hatte keine Eier mehr.

Er lief zurück ins hohe Gras,

wo er noch kurz die Zeitung las',

er schnarchte, lümmelte und schlief,

und seine Frau ihn nicht mehr rief.

Nun hat er Ruh' ein ganzes Jahr,

dann kommt er wieder,

ist ja klar.

Schaf Schantall wurde geschoren,

sie fühlt sich fast wie neugeboren.

Zu alt war schon das Wolle-Kleid,

es lag zu eng an ihrem Leib.

Jetzt ist sie glücklich, froh und frei

und macht vor Freude einen Schrei.

Sie hüpft und springt im Gras herum,

sie fühlt sich wunderschön und jung.

# Chillis erster Ausflug

Als ich meine Augen zum allerersten Mal öffnete, sah ich lauter rotbraunes, cremefarbenes und weißes Fell. Alles roch irgendwie nach Stroh und ein bisschen streng, es war unendlich warm und kuschelig und um mich herum war es angenehm weich. Ich döste auf einem wolligen Deckchen und es war so schön flauschig, dass ich meinte, ich würde auf einer Wolke liegen. Bis es sich unter mir anfing zu regen. Es schaukelte und ruckelte – es schwankte und kippte und ich dachte, die Erde würde wackeln. Natürlich wackelte sie nicht, ich lag auf meinem Bruder Schoko und er war gar nicht erfreut, dass ich auf ihm lag. Schoko war ein kleiner brauner Kater von ungefähr drei Tagen, so ganz konnte ich ihn noch nicht sehen, denn schließlich war auch ich erst drei Tage alt und bis ich richtig gucken konnte, würde es noch ein Weilchen dauern. Ich bin Chilli und ich wohne mit meinen Geschwistern Schoko, Pepper, Fee und Bolle in einem gemütlichen Stall auf einem kleinen Bauernhof am Rande der Stadt.

Und als mich dann mein Bruder unsanft von seinem Rücken geschmissen hatte, kam etwas Großes, Rosafarbenes auf mich zu und schwupps, leckte es mir mit seiner riesigen weichen Zunge über das Gesicht! Das muss meine Mutter Coco sein, dachte

ich so bei mir. Also kuschelte ich mich an sie und fing an, zufrieden zu schnurren. Neben mir kicherten meine Geschwister. Nein, es war nicht meine Mutter, es war die Kuh Karoline, die hier auch im Stall wohnte und die sich offensichtlich freute, dass Coco Nachwuchs bekommen hatte und einfach mal ihre neuen Nachbarn begrüßen wollte. Sofort fing ich an mich überall zu putzen! Eine Kuh! Eine Kuh hatte *mich* abgeschleckt, wie peinlich! Nachdem ich mich dann endlich einigermaßen sauber geputzt hatte, bekam ich meine

Mutter zu sehen! Sie lag unter dem riesigen Knäul aus Fell, lugte nun unter ihren Katzenkindern hervor und lachte ebenfalls.

Nach ein paar Tagen waren Karoline und ich dann doch Freunde geworden. Sie war wirklich zauberhaft und wenn sie einen mit ihren riesigen Kuhaugen mit den langen Wimpern anschaute, musste man sie einfach sofort ins Herz schließen. So spielten wir Katzenkinder jede freie Sekunde mit Karoline. Ansonsten mussten wir ja lernen wie man Mäuse fängt, sich putzt oder wie man Türen öffnet.

Am siebten Tag wollte ich dann ein wenig die Welt erkunden, ich wollte mehr sehen als immer nur Schoko, Pepper, Fee, Bolle, meine Mutter Coco und die Kuh Karoline und obwohl mir meine Mutter gesagt hatte, ich solle nicht zum Tor hinaus gehen, ging ich zum Ausgang und als ich nichts Ungewöhnliches entdecken konnte, lief ich ganz langsam und leise auf meinen kleinen zarten Pfoten aus dem Stall. Hinter mir Bolle, der jüngste und dickste unter uns. Doch leider hatte ich ihn nicht bemerkt.

Ich schlich hinter den großen Heuhaufen, versteckte mich hinter dem blechernen Eimer und lief so schnell ich konnte zu dem lustig bemalten Haus neben dem grünen Traktor. Eine kleine Leiter am Eingang lud mich quasi ein hinein zu gehen und so tat ich das dann auch. Und hinter mir Bolle!

Da saßen ein paar lustige weiße Tiere mit rotem Kamm auf dem Kopf. Auch unten am Hals hatten sie einen roten Fetzen hängen. Und sie machten ganz merkwürdige Gurr-Geräusche. Das hörte sich sehr lustig an. Und sie waren auch sehr lustig anzuschauen. Und ich wollte ja nur schauen! Doch dann gab es plötzlich Geschrei und Geflatter und alles wirbelte durcheinander und das lustige Gegurre wurde von einer Sekunde zur Anderen zu einem bedrohlichen Gegacker und Geschimpfe. Und als dann auch noch der Hahn in das Häuschen kam, um nachzusehen was in seinem Hühnerstall los war, na das war ein Gezeter und Geschrei! Ich wusste gar nicht was passiert war. Doch dann sah ich Bolle! Oh nein! Bolle hatte sich von hinten an ein brütendes Huhn geschlichen, hatte ihr ein Ei entwendet und wollte es mir zeigen. Doch als er es hoch hob, bemerkte die Henne den Verlust, pickte nach dem vermeintlichen Dieb und Bolle ließ das Ei fallen. Da schrie die Henne. Dann schrie Bolle. Dann gackerte der Hahn. Überall flogen Federn herum und ich glaube fast ein bisschen Fell von Bolle war auch dabei. Plötzlich packte der Hahn Bolle, schmiss ihn in hohem Bogen aus dem Hühnerstall und rief ihm wütend hinterher. Ich blieb wie angewurzelt stehen und konnte mich kaum bewegen.

Den Atem hatte ich angehalten und mein Herz war für eine Sekunde stehengeblieben. Draußen hörte man laut Karoline muhen. Der Hahn beruhigte sich. Die Hennen legten sich wieder auf ihre Plätze. Naja, und ich schlich mich ganz langsam und leise auf meinen samtigen Pfoten hinaus. Lief Richtung blechernen Eimer, versteckte mich kurz dahinter, sprang zum Heuhaufen, schlich zum Stall und mogelte mich wieder in meinen sicheren Schlafplatz. Dort lag auch schon Bolle.

Bolle lag unter seinen Geschwistern und ließ sich den ganzen Tag nicht mehr außerhalb seines Schlafplatzes blicken. Nur Karoline kam kurz vorbei, leckte Bolle liebevoll über das Fell, stupste ihn aufmunternd und lächelte mir wissend zu.

# Nimsaya und der Regenbogen

Unter einer Runkelrübe saß die kleine Fee Nimsaya und schaute in Gedanken wehmütig auf einen schimmernden Regenbogen. Wie gern wollte Nimsaya zum Ende des Regenbogens fliegen, schließlich wollte sie dort die Heiltropfen für ihre Freundin Serafina holen. Wenn die frisch gefallenen Regentropfen an einem lauen Sommertag an den schillernden Farben des Regenbogens runtertropfen, und man diese auffängt, kann man damit Kranke heilen und Wunden schließen. Ihre liebe Freundin Serafina hatte sich gerade letzte Woche den Flügel an der Kirchturmspitze verletzt und konnte somit ihre Flügel nicht mehr richtig ausbreiten; und wenn sie nicht schnellstens ihre kleinen, zarten Flügel weit spreizen würde, könnte es sein, dass sie niemals wieder fliegen könnte. Die samtartigen Feen-Flügel müssen täglich in Bewegung gebracht und in den Wind gehalten werden, damit die Flügel nicht aneinander kleben. Und Nimsaya wollte doch so gerne noch viele viele Male mit ihrer Freundin Serafina über die Blumenwiesen voller Veilchen und Sauerampfer fliegen. So wie auch am letzten Sonntag, als Nimsaya und Serafina über die große Kuhwiese beim Pavillon geflogen waren, um dem Läuten der Kirchturmglocken zu lauschen.

Sie flogen zusammen über die grüne Wiese, über den Osterfeuerplatz, direkt hinunter zum Kirchturm. Um den Glocken möglichst nah zu sein, flog Serafina hoch auf den Wetterhahn auf der Kirchturmspitze. Gerade in dem Moment als die Glocken anfingen zu läuten, wurde

der Hahn von einer Windböe erfasst und wechselte abrupt die Richtung; Serafina verfing sich mit ihrem feinen Flügel an dem Gestell und hing kopfüber an dem Wetterhahn.

Sofort war Nimsaya hingeflogen, um ihrer Freundin zu helfen, doch es war zu spät, der Flügel hatte einen großen Riss! Nimsaya versuchte vorsichtig den Flügel von dem Gestell des Wetterhahnes zu befreien.

Gemeinsam schafften die Freundlinnen es, aber der Flügel war gerissen! Vorsichtig flogen die beiden nach Hause; beim Fliegen nahm Nimsaya Serafina an die Hand, sie konnte kaum ihr Flügel bewegen.

Zu Hause angekommen, streckte Serafina ihre Flügel in den Nebel des Wasserfalls, doch der Riss war zu groß. Unglücklich ging Serafina in ihr Bett aus Veilchenblüten und Auerhahn-Federn um sich auszuruhen.

Nimsaya hingegen flog auf die Wiese beim Adlersberg und legte sich unter die Blätter einer Runkelrübe und dachte nach. Doch ihr wollte einfach nichts einfallen, wie sie ihrer Freundin helfen könnte. So saß sie eine ganze Weile da und überlegte und überlegte. Plötzlich kitzelte sie etwas an ihrem Ohr. Nimsaya schüttelte sich und eine kleine bunte Raupe krabbelte aus ihrem seidig glänzenden Haar. Sie betrachtete die Raupe interessiert und wunderte sich über ihr farbenfrohes Aussehen.

Und plötzlich hatte sie eine Idee: Sie würde zu dem Ende des Regenbogens fliegen und von dort ein paar Tropfen des Regenbogens für Serafina holen.

Sofort flog sie zur Luchsklippe, setzte sich in einen Blütenkelch und schaute in den Himmel. „Wenn es doch nur regnen würde", dachte die kleine Fee und wartete auf den Regen. Doch kein einziges Wölkchen stand am Himmel, es würde heute nicht mehr regnen. Die Sonne ging unter und der Mond ging auf; Nimsaya wartete immer noch auf Regen. Sie lauschte den Tieren im Wald und schloss ihre Augen. Nimsaya hörte einen Fuchs, der auf der Suche nach etwas Essbarem war. Tief in der Nacht sah sie eine Luchs-Familie; die Mutter zeigte ihren Luchskindern ihr Revier. Und Nimsaya? Nimsaya lag geduldig unterm Himmelszelt und wartete und beobachtete den Himmel. Irgendwann waren ihre Augen so schwer geworden, dass sie schließlich eingeschlafen war. Nimsaya träumte von einem großen bunten Regenbogen, der in allen Farben schimmerte.

Plötzlich raschelte etwas ganz in ihrer Nähe und sie wachte auf. Ein Regenwurm hatte sie geweckt. Der Regenwurm war aus seinem dunklen Versteck unter der Erde herausgekommen; es regnete. Nimsaya klatschte in die Hände, schüttelte ihr nasses Haar und breitete ihre Flügel aus. Sie flog auf die höchste Fichte des Berges, sie wollte schauen ob sich irgendwo ein kleiner Sonnenstrahl verlaufen hatte. Und tatsächlich, ganz hinten, hinter der großen dunklen Wolke blitzte die Sonne hervor. Nimsaya musste nun nur noch abwarten.

Endlich war es soweit: Die Sonne strahlte auf die feinen Regentropfen und es entstand ein wunderschöner Regenbogen. Nimsaya war von der Farbenpracht des Regenbogens ganz verzaubert, er leuchtete wunderschön in allen möglichen Farben.

Nun musste Nimsaya nur noch an das Ende des Regenbogens fliegen. Der Regenbogen erstreckte sich vom Hasenberg bis zur Juliaquelle. Nimsaya entschied sich für das Regenbogenende am Hasenberg, in der Nähe der Juliaquelle, am Bergwerk des 19-Lachter-Stollens, waren immer so viele Zwerge und die wollten immer mit ihr Veilchen-Eis essen, dafür hatte sie jetzt nun wirklich keine Zeit. So flog Nimsaya also über das Bärenhöhlental, immer Richtung Pandelbach. Jetzt musste sie sich aber wirklich beeilen, der Regenbogen wurde schon schwächer. Kaum am Hasenberg angekommen, nahm sie den kürzesten Weg direkt zum Ende des Regenbogens. Im allerletzten Moment erreichte Nimsaya den Regenbogen und fing in einem Blütenkelch die kostbaren Tropfen des bunten Regens auf. Geschafft! Glücklich und zufrieden flog Nimsaya schnurstracks aber vorsichtig zu ihrer Freundin am Adlersberg.

Serafina lag in der Nähe des Wasserfalls unter einer Fichte und war schon ganz geschwächt. Ihren Flügel konnte Serafina nur noch mit großer Mühe und unter schrecklichen Schmerzen auseinander falten. Große Tränen tropften ihr dabei über das Gesicht. Als Serafina ihre Freundin sah, erhellte sich ihr Gesichtsausdruck.

Nimsaya nahm vorsichtig ein paar Tropfen aus dem Blütenkelch und massierte damit den gerissenen Flügel. Als Serafina begriff was ihre Freundin dort in dem Kelch hatte, konnte sie ihr Glück kaum fassen.

Nur einen Augenblick später fingen die Tropfen an zu wirken! Die feinen Äderchen des gerissenen Flügels heilten schlagartig und Serafina konnte ihn ohne Schmerzen bewegen. Serafina fiel ihrer Freundin dankbar um den Hals! Nun mussten sie nur noch abwarten.

Bereits am nächsten Tag konnte Serafina ihre Flügel wieder weit auseinander spreizen und langsam flogen sie ein paar Meter. Es funktionierte! Serafina konnte wieder fliegen. Am Abend flogen die beiden Freundinnen zum Kirchturm, um dem schönen Klang der Glocken zu lauschen - doch diesmal setzten sie sich brav auf die Kastanie, die ganz in der Nähe des Kirchturmes stand.

# Gwendolyn lernt fliegen

Als Hexe musst du fliegen können! Natürlich musst du das. Das wusste auch die kleine Hexe Gwendolyn. Doch obwohl Gwendolyn schon ein halbes Jahr übte, wollte es einfach nicht klappen. Alle anderen Hexen in ihrem Alter konnten schon lange fliegen und lachten über sie. Das alleine war schon schlimm genug für Gwendolyn, noch schlimmer war aber, dass die Hexen erst hexen lernen durften, wenn sie schon fliegen konnten. Und Gwendolyn wollte doch so gern hexen lernen. Aber was sie auch versuchte, es wollte ihr nicht gelingen.

Sie versuchte es in der Schule, sie übte in ihrem Zimmer und sogar auf dem kleinen Waldstück neben dem Dorf versuchte sie es. Doch egal wie sehr sie sich bemühte, es wollte einfach nicht klappen. Nicht einen Zentimeter bewegte sie sich! Dabei machte sie es doch genauso, wie man es ihr gezeigt hatte – sie setzte sich auf ihren Besen, hielt sich am Stiel fest, beugte sich leicht nach vorn und murmelte leise ihren Hexenspruch – nichts!

Sie sprach den Spruch leise, sie sprach ihn langsam, sie sprach ihn rückwärts – nichts!

Gwendolyn versuchte es mit ihrem Lieblingshut, mit ihren grünen Stiefeln – sogar mit ihrer Kröte „Neobatra" auf dem Kopf unter ihrem Hut – es wollte einfach nicht gelingen! Einmal plumpste sie sogar von ihrem Besen hinunter und rollte rückwärts die Wiese hinab. Unten angekommen war ihr Haar voller Gänseblümchen, ihr neues Kleid war ganz verschmutzt und sie hatte sich den Ellenbogen aufgeschürft. Als sie dann aufstand bemerkte sie, dass sie auch noch ihren linken Schuh verloren hatte. Sie ärgerte sich schrecklich! Am nächsten Tag versuchte sie es bei Mondenschein – direkt am Hexentanzplatz – doch als sie auf ihren Besen steigen wollte, blieb sie mit ihrem Fuß am Besen hängen und stolperte vornüber, genau in eine Schlammpfütze. Viel Zeit blieb ihr nicht mehr. Sie wusste, wenn sie nicht bald fliegen lernen würde, müsste sie das ganze Hexenjahr wiederholen und dann noch ein ganzes Jahr warten, bis sie endlich mit dem Hexenunterricht beginnen dürfte.

Immer und immer wieder versuchte sie ihr Glück, doch der Besen hob sich einfach nicht. Traurig sah sie die anderen Hexen im Himmel umher fliegen. Sie lachten, juchzten und quietschten vor Freude.

Mit gesenktem Kopf ging Gwendolyn nach Hause – sie lief am grünen Fluss entlang, überquerte ihn auf der hölzernen Brücke und war ganz in Gedanken. Gerade als sie auf der Mitte der Brücke stand und sich wehmütig zu den anderen fliegenden Hexen umdrehte, hörte sie einen lauten Knall. Dann folgte ein schriller Aufschrei, gefolgt von einem herzzerreißenden Wimmern. Gwendolyn schaute schnell über das Geländer und sah unter der Brücke, mitten in einem Biberdamm, eine der Hexenschülerinnen liegen. Die kleine Hexe Luna-Lara war beim Fliegen wohl etwas zu hoch geflogen und mit ihrem Besen gegen die Brücke gekracht. Luna-Lara war direkt in dem frisch aufgetürmten Gehölz der Biber gelandet. Sie hatte sich im Gestrüpp verfangen und weinte bitterlich.

Gwendolyn überlegte nicht lang, schwang sich auf ihren Besen, hielt sich am Stiel fest, neigte sich leicht nach vorn, murmelte leise einen Spruch, atmete tief ein, schloss die Augen und ... und der Besen fing an, leicht zu rucken. Gerade als sie verwundert die Augen öffnete um zu schauen was passiert war, vibrierte der Besen leicht und hob vom Boden ab. Fast hätte Gwendolyn die Balance verloren. Im letzten Moment fand sie Halt am Stiel, bevor es losging. Der Besen hob sich in die Lüfte. Gwendolyn zog den Stiel mit kleinen, aber schnellen Bewegungen nach links und schon gehorchte der Besen und folgte ihren Bewegungen. Mit Leichtigkeit flog Gwendolyn unter die Brücke, machte einen kleinen Kreisflug und landete direkt bei der schluchzenden Luna-Lara.

Ihre langen goldenen Zöpfe hatten sich an einem Ast verfangen und sie konnte sich alleine nicht befreien. Mit nur einem Griff entwirrte Gwendolyn die Haare von Luna-Lara, befreite sie aus dem Gehölz und nahm den angebrochenen Besen an sich. Als Luna-Lara ihren kaputten Besen sah, rollten ihr bittere Tränen aus ihren smaragdgrünen Kulleraugen. Gwendolyn wischte ihr die Tränen weg, nahm sie an die Hand und griff nach ihrem eigenen Besen.

Da die beiden Hexen klein und zierlich waren, passten sie hintereinander auf Gwendolyns Besen und so stieg sie auf und bat Luna-Lara hinter sich Platz zu nehmen. Die kleine Hexe hielt den Stiel des Besens fest, beugte sich leicht nach vorn und murmelte ihren Spruch. Schwer bepackt und doch mit einer anmutsvollen Leichtigkeit flogen die beiden Hexen schwankend, aber sicher zum Dorf. Sie flogen am Fluss entlang, über die grüne Wiese, am Hexenturm vorbei und von dort aus direkt Richtung Blocksberg. Zwischendurch wurden sie leicht durch einen Windstoß aus der Bahn gebracht, aber Gwendolyn bekam ihren Besen schnell wieder unter Kontrolle. Im Dorf angekommen wurden sie bereits von den anderen Hexenschülerinnen erwartet. Als die anderen Hexen die zwei zusammen auf Gwendolyns Besen anfliegen kommen sahen, konnten sie es kaum glauben; Gwendolyn hatte es geschafft! Sie konnte fliegen! Freudig klatschten und jubelten sie, als Gwendolyn leichtfüßig von ihrem Besen stieg. Voller Stolz gab Gwendolyn den angebrochenen Besen an Luna-Lara. Diese umarmte sie kurz, zwinkerte ihr dankbar zu und, als wäre nichts passiert, gingen die beiden in die Hexenschule und setzten sich auf ihren Platz. Von nun an lachte niemand mehr über die kleine Hexe Gwendolyn. Sie flog mit den anderen Hexen über den Brocken und schaute von oben auf die herrliche Landschaft hinab. Und da sie jetzt endlich fliegen gelernt hatte, durfte sie nun auch das Hexen lernen. Und als allererstes hexte sie Luna-Laras Besen wieder heil.

## Frau Wirbelwusch – Frau Munkel und die Marienkäfer

Die alte Frau Munkel ging seit ein paar Wochen jeden Tag an der Hecke der Bäckerei Klingelbiel entlang und schaute, ob dort Marienkäfer zu sehen waren. Sie liebt Marienkäfer! Und sie mag es, wenn die kleinen Käfer auf ihre Hand krabbeln, den Handrücken entlang und den Finger empor steigen. Und am allerschönsten findet sie es, wenn dann der Käfer seine kleinen Flügel spreizt und in die Luft fliegt. Eines Tages war es dann endlich soweit.

Aus den kleinen gelben Eiern, die geschützt an der Unterseite eines Blattes hingen, schlüpften winzig kleine Käferlein. Frau Munkel ging mit ihrer Nase ganz nah dran, denn irgendwie konnte sie keinen Marienkäfer sehen. Doch egal wie sehr sie sich anstrengte, sie konnte keinen erkennen. Das waren gar keine Marienkäfer! Das war ja merkwürdig - auf dem Blatt krabbelten kleine schwarze Käfer. Ein paar kleine Kleckse Orange auf dem Rücken, sechs Beine — langgestreckt und ziemlich plump - solche Käfer hatte Frau Munkel noch nie gesehen!

Ein bisschen enttäuscht war sie ja schon, hatte sie sich doch so sehr auf die Marienkäfer gefreut. Zum Glück kam gerade Frau Schmeckebier vorbei und blieb einen Moment stehen. Frau

Schmeckebier erklärte Frau Munkel, dass sie schon noch ein bisschen Geduld haben müsse. Es handele sich hier um Marienkäferlarven und bis daraus richtige Marienkäfer werden würden, könnte es noch dauern. Frau Munkel konnte es gar nicht glauben. Noch nie im Leben hatte sie Marienkäferlarven gesehen. Sie dachte immer, die Marienkäfer würden aus den kleinen gelben Eiern schlüpfen.

Von nun an ging Frau Munkel jeden Tag zur Hecke an der Bäckerei Klingelbiel und schaute nach den Larven. Sie ging am Montag, doch es war kein Marienkäfer zu sehen. Sie ging am Dienstag, aber auch hier war kein Marienkäfer zu entdecken. Selbst am Mittwoch, obwohl es da regnete, ging sie zur Hecke an der Bäckerei – Nichts! Am Donnerstag schien dann endlich wieder die Sonne und Frau Munkel machte sich frohen Mutes auf den Weg zur Hecke. Doch bis auf ein paar Marienkäferlarven konnte sie nichts entdecken! Nur der freche Ferdinand kam auf seinem Roller vorbei, blieb stehen und fragte, was sie da machen würde. Da der Nachbarsjunge aber immer ziemlich frech war, zeigte sie ihm die Käferlarven natürlich nicht.

Am nächsten Tag entdeckte sie an einem Blatt ein paar Larven die sich verpuppt hatten, Marienkäfer fand sie nicht! So ging es am Samstag, am Sonntag und auch am Montag. Na immerhin roch es dort an der Hecke wunderschön nach Rosen und nach Flieder – Frau Munkel liebte diesen süßlichen Frühlingsduft.

Auch die nächste Woche ging Frau Munkel täglich zu den Marienkäferlarven. Immer mehr verpuppte Käfer hingen an den Blättern. Das war vielleicht lustig anzusehen. Die Larven streckten ihr Hinterteil in die Luft. Wenn man dann ganz vorsichtig das Blatt berührte, bewegte sich das Hinterteil und stoppte auf dem Blatt.

Frau Munkel hatte ihre wahre Freude daran. Und irgendwann, es war an einem Sonntag, krabbelten dann endlich unzählige Marienkäfer auf den Blättern der Hecke herum. Sie krabbelten an den Stängeln entlang, liefen auf den Blättern herum und krochen auf der andern Seite wieder hinunter. Frau Munkel konnte sich gar nicht sattsehen! So viele Marienkäfer. Da gab es welche mit zwei, mit vier und sogar welche mit sieben Punkten! Sie entdeckte sogar einen kleinen gelben Marienkäfer! Und ein Marienkäfer hatte tatsächlich keinen einzigen Punkt!

Und als dann einer der Marienkäfer auf ihre Hand flog, konnte sie ihr Glück kaum fassen. So ein schönes Exemplar! Er war knallrot und hatte auf seinem Rücken sieben rabenschwarze Punkte. Er krabbelte den Handrücken entlang, den Finger hinauf und von dort aus flog er hinaus in die große weite Welt. Ach, wie freute sich da Frau Munkel. Und wenn sie gewusst hätte, dass sie gerade Frau Wirbelwusch beim Krabbeln zugeschaut hatte, dann hätte sie sich bestimmt noch mehr gefreut.

Sie guckte ihr noch lange nach und war einfach nur glücklich und zufrieden.

Von nun an schaute sie in jedem Frühjahr nach den kleinen Marienkäferlarven.

Und stell dir vor, im nächsten Mai fand sie an einem Blatt neunundneunzig winzig kleine Eier an einem Blatt an der Hecke – nun rate mal, wer die Eier dort abgelegt hat?

Und Frau Wirbelwusch? Na, die flog zum Garten am Ende der Straße, setzte sich dort gemütlich auf die Mauer und schaute einem kleinen, wohlgeformten Mann beim Gärtnern zu...... aber das ist eine ganz andere Geschichte!

Frau Wirbelwusch liebt Marmelade,

noch viel mehr als Schokolade -

sie sitzt auf ihrem Himbeerblatt

und frisst sich an dem Süßkram satt.

Am Ende ist sie dick und rund,

die Marmelade klebt am Mund,

sie klebt am Fühler und am Bauch,

an den Punkten – klar, da auch.

Ein kleiner Klecks

hängt noch am Blatt,

es tropft sogar von dort herab.

Frau Wirbelwusch hat es geschmeckt,

sich ihre Finger freudig leckt.

Den Rest klebt sie ans Himbeerblatt,

damit sie noch für morgen hat.

Frau Wirbelwusch muss leider geh'n,

sie will nach ihren Kindern seh'n.

Neunundneunzig Käferlein,

die lässt man nicht so gern allein.

Freundlich blinzelt sie uns zu -

dann nimmt sie ihren schwarzen Schuh,

packt ihre sieben Punkte ein,

dann fliegt sie zu den Käferlein.

Zwei- dreimal dreht sie sich noch um,

ich glaub, ihr Fühler ist ganz krumm -

doch dann, dann fliegt sie

schnurstracks weiter,

immer fröhlich, immer heiter.

Und wenn einmal ein Käferlein

auf einem Blatte sitzt allein -

dann denke dran, wer könnt' es sein?


Frau Wirbelwusch im Sonnenschein.

# Buchempfehlungen

## *Schmunzelstücke*

### Yasmin Mai-Schoger

Moderne Gedichte zum Schmunzeln und
Nachdenken

### Eine kunterbunte Auswahl an Wohlfühlgedichten

ISBN: 9 783751 906777
erschienen im BoD-Verlag

*Harzschnipsel*

**Yasmin Mai-Schoger**

Gedichte und Geschichten aus dem Harz
inkl. der Geschichte vom „kleenen Brummer"

**„Der wilde Mann"**

ISBN: 9 783750 480032
erschienen im BoD-Verlag

## *Der Hausberg*

### Yasmin Mai-Schoger

Gedichte und Geschichten rund um die Achalm
inkl. des Achalm-Märchens

### „Der Hirte und die Schafstrauben"

ISBN: 9 783732289814
erschienen im BoD-Verlag

Yasmin Mai-Schoger

Die Achalm

Gedichte und Geschichten rund um die
Achalm

inkl. der Geschichte "Ulm und der Ausflug auf die Schwäbische Alb"

## *Die Achalm*

### Yasmin Mai-Schoger

Gedichte und Geschichten rund um die Achalm
inkl. der Achalm-Geschichte

**„Ulm und der Ausflug auf die Schwäbische Alb"**

ISBN: 978-3-7494-6851-5
erschienen im BoD-Verlag

Yasmin Mai-Schoger

Die Schwälbler

Geschichten von der Achalm und der
Schwäbischen Alb

inkl. der Gedichte "Die Nacht war kurz" und "Ganz weit oben"

## *Die Schwälbler*

### Yasmin Mai-Schoger

Geschichten von der Achalm und
der Schwäbischen Alb
inkl. der Geschichten aus dem Harz

**„Ein Harznok auf Reisen"**
**„Ein Schwälbler bei den Harznoks"**

ISBN: 978-3-750-41198-2
erschienen im BoD-Verlag

# Weitere Geschichten / Gedichte
# von Yasmin Mai-Schoger

**Pustelzwerg-Wildschwein-Wanka**
Wünsch dich ins Wunderweihnachtsland Band 11
Anthologie
Papierfresserchen

**Weihnachten bei den Harznoks**
Wünsch dich ins Märchenland Band 10
Anthologie
Papierfresserchen

**Der Veggitukka-Baum**
Wünsch dich ins Märchenwunderland Band 2
Anthologie
Papierfresserchen

**Die Harznoks**